CATALOGUE

DES

GENTILSHOMMES

DE DAUPHINÉ

QUI ONT PRIS PART OU ENVOYÉ LEUR PROCURATION AUX ASSEMBLÉES DE LA NOBLESSE
POUR L'ÉLECTION DES DÉPUTÉS AUX ÉTATS GÉNÉRAUX DE 1789,

Publié d'après les procès-verbaux officiels,

PAR MM.

LOUIS DE LA ROQUE ET ÉDOUARD DE BARTHÉLEMY.

PARIS,

FIRMIN DIDOT, FRÈRES, | E. DENTU, LIBRAIRE,
Libraires, 56, rue Jacob. | Galerie vitrée, Palais-Royal.

1861.

Tous droits réservés.

Paris. — Typographie de Firmin Didot frères, fils et Cie, rue Jacob, 56.

AVERTISSEMENT.

En France, où la Noblesse a tenu de tout temps une place si large et si glorieuse, et contribué à la splendeur du trône autant qu'à la défense de nos libertés provinciales, il est au moins surprenant qu'on ait si rarement songé, dans l'intérêt de l'histoire et de la vérité, à mettre sous les yeux des générations nouvelles l'état des services rendus au pays par les ancêtres, comme une leçon et un exemple.

Cette œuvre « doit être préparée, comme a dit Son Excellence le Garde des sceaux, tout à la fois pour raffermir dans le présent les relations sociales dans lesquelles s'introduit de jour en jour un désordre plus grand, et pour rendre dans l'avenir à une institution inséparable du pouvoir monarchique tout son lustre et toute sa sincérité (1). »

Nous avons essayé d'accomplir ce travail sur un plan qui a déjà reçu l'approbation et les encouragements de la presse et du public (2). Le recueil des jugements de maintenue et les procès-verbaux des assemblées de la Noblesse en 1789 donnent l'état à peu près complet des familles nobles à la fin du dernier siècle. Les registres de la chancellerie ont gardé la trace de

---

(1) Rapport de M. le président Delangle au Sénat, le 28 février 1855.
(2) *Armorial de la Noblesse de Languedoc*, par M. Louis de la Roque, 2 vol. in-8°. — *Armorial de la ville de Châlons-sur-Marne*, par M. Édouard de Barthélemy, 1 vol. in-12.

toutes les concessions régulières de titres depuis 1808. Il est donc facile à chaque province de recomposer son état nobiliaire.

La publication du catalogue des gentilshommes qui ont pris part ou envoyé leur procuration aux assemblées de la Noblesse en 1789 est une préparation très-utile à ce genre d'études, qui ne peuvent se compléter sans le concours des familles intéressées. Beaucoup d'entre elles pourront y puiser des justifications de noms ou de titres pour satisfaire aux exigences de la loi du 28 mai 1858.

Nous donnerons successivement le catalogue de chacune des anciennes provinces, en commençant par celles dont nous avons étudié l'histoire et dont nous publierons plus tard les maintenues. Ces listes sont empruntées aux procès-verbaux officiels imprimés en 1789, et revues sur les manuscrits déposés à la section judiciaire des Archives de l'Empire.

Paris, 1er décembre 1860.

CATALOGUE

DES

GENTILSHOMMES DE DAUPHINÉ.

1788-1789.

Procès-verbal de l'Assemblée générale des trois ordres de la province de Dauphiné tenue à Romans, par permission du roi, le 10 septembre 1788. Imprimé à Grenoble, chez J.-M. Cuchet, 1788 (1).

(Voir encore *Archiv. imp.*, *B. III*, 56.)

NOBLESSE.

I. — ÉLECTION DE GAP.

Des Herbeys (Armand).
Le marquis de La Villette.
Le marquis de Moléon.
De Moydan.
De Pons.
Julien du Querel (Queyrel).
Jean-Antoine de Queyrel.
Joseph de Queyrel.

André de Queyrel.
Jacques de Queyrel.
Le comte de Revigliasc de Veynes.
Le comte de Ruffo.
De Saulcy (Caignard).
Taxis du Poët.
De Ventavon (Tournu).
De Vitalis.

II. — ÉLECTION DE GRENOBLE.

Le comte des Adrets.
Le marquis d'Arces.
Le comte d'Arces.
Le comte de Bailli.
De Baratier.
De Barbier.
Le comte de Bardonnenche.
Le vicomte de Bardonnenche.
Le marquis de Baronnat.
Le chevalier de Belle.

Jean-Baptiste de Bergerand.
De Bonniot.
Le chevalier de Bonniot.
Le chevalier du Bouchage (Gratet).
De Bouffier de Cézarges.
Bourne.
De Bozonnier de Vaumane, père.
De Bozonnier de Vaumane, fils.
Le comte de Brizon.
De Bruno de Saint-Sevenon.

---

(1) Nous croyons devoir faire observer qu'un certain nombre de familles nobles ont pu ne pas figurer dans cette assemblée pour cause d'absence, de maladie ou d'abstention.

Le chevalier de Bruno.
Le vicomte de Chabons.
De Chalvet.
De Charansy.
De Chuzin.
Dupuy des Bordes.
Duvernei de Saint-Marcel.
De Galbert (Reboulet).
Garnier de Pelissière.
De Girin.
Le comte d'Herculais.
De Lambert, fils.
De La Motte.
Le marquis de Langon
Le chevalier de Largentière.
De La Valette.
De La Valonne.
Le marquis de Marcieu (Émé).
De Menon de Champsaur.
De Monlezin.
Le comte de Morard.
Le comte de Morges.
Offarel, père.
De Pelafol, père.

De Pelafol, fils.
De Perrot du Thaud.
Le chevalier du Peloux.
Le marquis de Pina de Saint-Didier.
Le chevalier de Pina.
Le baron de Ponnat.
De Portes d'Amblérieu.
Le chevalier de Portes.
Prunelle de Liere.
Ravier d'Erbelon.
De Rivière.
De Rostaing.
De Saint-Ours.
Le chevalier de Salvaing.
De Savoye, lieut. général de police de Grenoble.
De Savoye, ainé.
Le chevalier de Sayve (La Croix).
Sibeud de Saint-Ferréol.
De Vaujany.
Le baron de Venterol (Philibert).
Vial d'Alais.
Du Villard.
De Voissane.

III. — ÉLECTION DE MONTÉLIMART.

Des Aimards.
Le marquis d'Althenolt.
De Berbegier de Lallebarde.
Le marquis de Bésignan, père.
Le marquis de Blacons (Armand).
Le marquis de Blacons, fils.
Blanc de Saint-Laurent.
De Blégier, marquis de Taulignan.
Le chevalier de Bonne de Lesdiguières.
De Bonniot.
David-Jean de Bouillanne.
Jacques de Bouillanne.
Moïse de Bouillanne.
Claude de Bouillanne.
Jean-Pierre de Bouillanne.
Gaspard de Bouillanne.
Jean de Bouillanne.
Mathieu de Bouillanne.
Joseph de Bouillanne.
Charles de Bouillanne.
Louis de Bouillanne de Saint-Martin.

De Bouillanne de la Coste.
De Cabassolle.
De Calamand.
De Chareins (La Morthe).
De Chastelet.
De Chastellier.
Le marquis de Clerc de la Devèze.
Dallard (comte d'Allard).
Des Isnards de Langlerie.
Le marquis Duclaux de Bésignan.
Dupuy de la Marne.
Le marquis Dupuy Montbrun.
De Ferre de la Calmette.
Louis de Gilbert de Gensac.
André de Gilliers.
De Goutin.
Le marquis de Jovyac.
Le chevalier de La Condamine.
De La Coste de Maucune.
Le chevalier de La Devèze.
Le chevalier de La Devèze-Beaufort.

Jacques-Melchior de Ladreit de la Condamine.
De La Fayolle.
Le marquis de La Garde.
Le marquis de La Tour de Montauban.
De La Tourne (La Fayolle).
Le marquis de Lattier.
Le comte de Marsanne (Brunier).
Le baron de Montrond.
Le marquis de Moreton de Chabrillan.
De Mornas.
Oddon de Bonniot de Saint-Julien.
Du Palais.
De Perier.
De Petitty de Saint-Vincent.
Le marquis du Pilhon.
Le marquis de Plan de Siéyès.
Le baron de Planchette de Piégon.
Le marquis du Poet.
Jean de Richaud, de Quint.
Gabriel de Richaud, de Quint.
Jean-Pierre de Richaud des Bornes.
Jean-Claude de Richaud.
Jean-Pierre de Richaud.
Jean-Élie de Richaud.
Jean-Louis de Richaud.
Jean-David de Richaud.
Jean-Claude de Richaud.
Jean-Antoine de Richaud.
Gabriel de Richaud.
Jean-Moïse de Richaud.
Jean de Richaud.
Jean-Pierre de Richaud.
Jean-Pierre de Richaud.
Antoine de Richaud.
Jean-Mathieu de Richaud.
Pierre de Richaud.
Pierre de Richaud.
Pierre de Richaud.
Jean-David de Richaud.
Jean-Mathieu de Richaud.
Jean-Pierre de Richaud.
Jean de Richaud.
Rigaud de L'Isle.
De Rochegude.
De Rouvière.
Le marquis de Sade.
Le baron de Sainte-Croix.
Le marquis de Saint-Ferréol.
Le comte de Suze (La Baume).
De Ventaillac.
De Vitalis.
Bernard de Volvaint.

IV. — Élection de Romans.

De Barlatier.
Le marq. de Beausemblant (Sibeud).
De Canel.
Le vicomte de Chabrières.
De Chaptal de Grandmaison.
De Chaptal du Seillac.
Chaptal de la Murre.
Le marquis de Chatellard.
De Delay d'Agier.
Dijon de Cumanes.
Du Gardier de Robert.
Le baron de Gilliers.
De Glasson.
Grand.
Grand de Chateauneuf.
De La Porte.
Le marquis de La Roque (La Baume).
Luzy de Pélissac, père.
Luzy de Pélissac, fils.
De Montcharrel.
Le marquis de Murinais (Auberjon).
Le comte de Murat-Murinais.
Le chevalier de Murinais.
Du Perron.
Le marquis de Pizançon (La Croix).
Le chevalier de Pizançon.
Le chevalier Alexandre de Pizançon.
Le chevalier de Pluvinel (La Baume).
Le chevalier de Reynaud.
De Rivole.
Le marq. de Saint-Vallier (La Croix).
De Sibeud.
Sigaud de Baronat.
Le vicomte de Tournon.
Le marquis de Vachon.
Du Vivier de Lentiol.

V. — Élection de Valence.

De Barjac de Randon.
Jacques de Bouillanne.
Louis de Bouillanne.
Cartier de la Sablière.
Le baron de Coston.
Du Colombier.
Dubesset.
Le comte du Pont.
De Gallier.
Des Jacques.
De Jousselin.
Le chevalier de La Rollière (Lancelin).
Le marquis de La Rollière.
Le marquis de La Roquette.
De Longpra de Fiquet.
Magnan.
De Marquet.
De Mazade.
Le chevalier de Méry.
Le chevalier de Montrond.
De Ravel.
De Revel.
Le chevalier de Rostaing-Champférier.
De Rozières, fils.
De Saint-Laurent (Blanc).
De Sucy.
De Tardivon.
D'Urre.
Le comte d'Urre.
Le chevalier de Veaugrand.
Le marquis de Vesc de Béconne.
Le marquis de Veynes.

VI. — Élection de Vienne.

Albanel de Cessieux.
D'Angelin.
De Bectoz.
Le chev. de Bocsozel de Montgontier.
Le marquis de Boissac.
Le chevalier de Bonniot.
Louis de Bouillanne.
De Boves.
Le marquis de Buffevent.
Le comte de Chabons.
Le comte de Chaponay de Morancey.
De Chivalet de Chamont.
Clapperon de Milieu.
De Combles.
Le marquis de Corbeau.
Dalmas de Réottier.
De Dijon.
Le chevalier de Dolomieu (Gratet).
D'Évrard de Courtenay.
De Fleury.
De Gumin de Chatellard.
De Jonnage (Yon).
Le chevalier de Larnage (Brunier).
Le comte de Lévis.
Le marquis de Leyssin.
Le vicomte de Leyssin.
Le marquis de Loras.
Le comte de Loras.
Le marquis de Maubec (Planelli).
De Meffrey de Cézarges.
De Mélat.
De Mépieu.
Le comte de Mercy.
De Michallon.
De Moidière.
Le chevalier de Moidière.
Le comte de Mons.
Moreau de Bonrepos.
Le chevalier de Moreau.
Le chevalier de Moydieu.
De Neyrieu de Domarin.
De Perret.
De Poisieux.
Prunelle.
De Pusignan (Gautier).
Le chevalier de Rachaix.
De Revol.
Le comte de Revol, père.
Le comte de Revol, fils.
Jean de Richaud, père.
Jean de Richaud, fils.
Étienne de Richaud.

De Rigaud de Terrebasse.
De Saint-Clair.
De Saint-Germain.
Le marquis de Serezin.
Serro du Serf de Croze, cadet.
Serro du Serf de Croze, aîné.
De Tournois de Bonnevallet.

De Vabre de Bouce.
Le comte de Vallier.
Le comte de Vallins.
Le vicomte de Vaux.
Le baron de Vernas.
De Vessilieu (d'Argout).
Du Vivier-Solignac.

DÉPUTÉS DES TROIS ORDRES DE DAUPHINÉ.

AUX ÉTATS GÉNÉRAUX DE 1789.

CLERGÉ.

L'archevêque de Vienne.
L'abbé de Dolomieu, chanoine-comte du chapitre de Saint-Pierre.
L'abbé de Saint-Albin, doyen de Vienne.
L'abbé Colaud de la Salcette, chanoine de Die.

NOBLESSE.

Le marquis de Blacons.
Le marquis de Langon.
Le comte de la Blache.
Le comte Antoine d'Agoult.
Le comte de Virieu.
Le comte de Morges.
Le baron de Chaléon.
Le comte de Marsanne-Fontjulianne.

TIERS ETAT.

Mounier, secrétaire des états de Dauphiné.
Delacourt d'Ambésieux, avocat.
Pison du Galland, avocat.
Bérenger, procureur du roi à l'élection de Valence.
Barnave, propriétaire.

De Bertrand de Montfort, vice-bailli, lieutenant général des baronnies.
Revol, avocat.
Chabroud, avocat.
Blancard, propriétaire.
Bignan, négociant.
Allard du Plantier, propriétaire.
Cheynet, maire de Montélimart.

DÉPUTÉS SUPPLÉANTS.

Le marquis de Baronat.
Richard, maire de la ville de Crest.
Grand de Champrouet, assesseur au bailliage de Briançon.
De Monspey, commandeur de l'ordre de Malte.
De Delley d'Agier, maire de la ville de Romans.
Le chevalier de Murinais.

PROTESTATION

DU CLERGÉ ET DE LA NOBLESSE DE DAUPHINÉ

CONTRE L'ÉLECTION DU MOIS DE SEPTEMBRE 1788, ET LE VOTE PAR TÊTE ADMIS PAR L'ASSEMBLÉE DE ROMANS.

6 avril 1789.

(*Archiv. imp., B. III*, 56, p. 531-534.)

De la part des membres du Clergé et de la Noblesse de la province de Dauphiné réunis pour demander la réformation du règlement qui donne une nouvelle constitution aux états de la province, agissant par le moyen de messire Joseph-Anne-Marie, comte de Mercy, leur procureur spécialement fondé par acte du 26 mars dernier, reçu par Castel et Grivaux, notaires au Châtelet de Paris ;

Il est notifié et représenté aux états de la province en la personne de Monseigneur l'archevêque de Vienne, président des états, et en la personne de M. le chevalier du Bouchage, procureur général syndic, que les remontrants regardent comme illégale la nouvelle formation des états de la province ;

En ce que les évêques, les dignitaires des églises, les seigneurs des fiefs qui avaient le droit de voter dans les anciennes assemblées du Dauphiné, n'ont pas été assignés ni convoqués légalement pour assister aux assemblées des trois ordres tenues à Romans ;

En ce que les assemblées ont été tenues dans un temps où les militaires étaient à leurs régiments, où les membres du parlement étaient exilés par des lettres de cachet, où la chambre des comptes et le bureau des finances étaient en vacances et dispersés (1) ;

En ce que l'on n'a observé aucune règle uniforme pour la nomination des députés du tiers état ; plusieurs communautés se sont conformées à l'arrêt du conseil en envoyant des députés aux assemblées des élections ; les autres, sans s'arrêter à cet arrêt, ont envoyé leurs députés directement aux assemblées de Romans ; d'autres n'ont pas envoyé de députés ;

---

(1) Nous donnons plus loin la composition du Parlement et de la Chambre des Comptes de Dauphiné en 1788, quoique aucun de leurs membres ne se soit associé à cette protestation.

En ce que les députés du clergé ne s'étant trouvés qu'au nombre de quarante-huit à l'assemblée du 1er septembre, et l'assemblée ayant jugé que cet ordre n'était pas suffisamment représenté, ordonna que les suffrages de chacun de ces membres seraient comptés pour deux voix ;

En ce que la même décision fut portée en faveur de quelques députés du tiers état des élections de Vienne et de Gap auxquels on accorda un double suffrage ;

En ce que cette forme inusitée fut consentie par les députés sans avoir un mandat spécial de la part de leurs commettants.

Les remontrants observent que ces assemblées irrégulières, composées de citoyens que le zèle et le hasard avaient réunis, avaient caractère pour défendre et maintenir les lois et les priviléges de la province, mais elles n'en avaient pas pour détruire l'ancienne constitution et en créer une nouvelle; que les remontrants regardent la nouvelle formation comme inconstitutionnelle et vicieuse en ce qu'elle a confondu tous les ordres en ordonnant que les députés des communes seraient en aussi grand nombre que ceux des deux premiers ordres réunis, et qu'on délibérerait par tête les trois ordres réunis ;

En ce qu'elle a placé toute l'autorité entre les mains des communes, car il est évident que le tiers état, n'étant qu'un seul ordre qui a le même intérêt, a plus de force et d'ensemble que le clergé et la noblesse, qui ont des intérêts différents ;

En ce que les exclusions multipliées, et particulièrement celles données aux fermiers, ont mis toutes les places entre les mains des gens de loi et des praticiens ; les représentants de communes sont au nombre de soixante-douze dans les états de la province, et l'on y compte soixante-huit avocats, procureurs ou notaires, et parmi les quinze députés des états généraux on y voit quatorze avocats ou juges inférieurs. Les remontrants regardent la constitution comme imparfaite en ce que le règlement n'a pas été définitivement sanctionné par le roi, en ce qu'il n'a pas été adressé aux cours pour être vérifié et enregistré, en ce qu'il ne peut être considéré comme une loi, mais comme un projet de loi dont Sa Majesté a voulu qu'on fît l'essai dans la dernière assemblée tenue à Romans ; que les remontrants regardent pareillement comme nulles et irrégulières les élections des députés aux états généraux en ce qu'elles ont été faites par une assemblée sans pouvoir légal; en ce que l'article du règlement qui fixe la forme de la députation a été laissé en souffrance ;

- En ce que l'élection s'est faite sur la simple lettre d'un ministre qui n'est pas celui de la province, sans même attendre une seconde lettre qui était annoncée et qui devait régler le nombre de ses députés ;

En ce que les électeurs de l'ordre des communes ont été plus nombreux que ceux des deux premiers ordres.

Les remontrants observent qu'il résulte de la forme vicieuse adoptée, pour ces nominations que les bailliages de Gap et d'Embrun et de Briançon n'ont pas de représentants aux états généraux ; que dans cinq diocèses les curés, les bénéficiaires, les maisons religieuses n'ont pas même concouru aux élections ; ils observent encore que la forme est vicieuse en ce que les électeurs sont obligés de donner leurs suffrages au hasard ; le clergé, la noblesse ne pouvant avoir aucune connaissance des mœurs et des talents du tiers état, et celui-ci ne connaissant pas les mœurs et les talents de la noblesse et du clergé.

Les remontrants désavouent le mandat donné aux députés aux états généraux en ce que ce mandat, qui est l'ouvrage des chefs des communes, enjoint aux députés de se retirer dans le cas où la nation refuserait de délibérer par tête des trois ordres réunis, ce qui expose la province à n'avoir pas de députés aux états généraux.

Ils dénoncent à la nation le despotisme que les communes ont exercé en ôtant aux deux premiers ordres le droit de siéger et de délibérer parmi leurs pairs, en osant plus que les notables, plus que le roi lui-même, en prescrivant à la nation les formes de ses assemblées et de ses délibérations, en la menaçant d'une scission si on refuse de les adopter.

Par toutes ces considérations les remontrants protestent, en général, contre toutes les délibérations prises par les assemblées des trois ordres ; ils protestent, en particulier, contre le règlement de la nouvelle constitution de nos états et spécialement contre les articles qui ordonnent que les délibérations seront prises par tête des trois ordres réunis ; contre les articles qui prescrivent que les procureurs généraux syndics, les membres de la Commission intermédiaire et les députés aux états généraux seront élus par les trois ordres réunis ;

Contre l'article qui donne l'exclusion aux fermiers, contre l'article qui ordonne que, pour être éligible dans le second ordre, il sera nécessaire d'avoir quatre générations et les cent ans de noblesse, désirant que ceux qui ont la noblesse acquise et transmissible soient éligibles pour être députés aux états généraux et provinciaux.

Les remontrants désavouent les députés qui ont été nommés à Romans pour être leurs représentants, ainsi que le mandat qui leur a été donné.

Ils déclarent que, jusqu'à ce qu'ils aient obtenu la réformation du règlement et une nouvelle constitution des états selon les formes légales et constitutionnelles de la monarchie, ils refusent de reconnaître la délibération des états et d'y adhérer.

Ils protestent, au surplus, de se pourvoir devant qui de droit et même aux états généraux pour obtenir la réparation de leurs griefs ;

Requérant que le présent soit signifié, et a ledit comte de Mercy signé en l'original et aux copies ce 6 avril 1789. — Le comte DE MERCY.

Et ont signé :

L'archevêque d'Embrun.
L'évêque de Die.
L'abbé de Leyssins.

L'abbé de Saint-Genis.
L'abbé Daurel, vicaire général.
De Chantemerle, vicaire général.

De Saint-Pierre, vicaire général.
De la Rollière, archidiacre.
De Montaud, vicaire général.
L'abbé de Vernon, c¹ᵉ de Saint-Pierre.
De la Lombardière, syndic.
Le commandeur de Rozans.
L'abbé de la Rollière.

L'abbé de la Roche d'Aspy.
L'abbé de la Villette.
Blanc, chanoine.
Gautier, vicaire général.
Reymond, chanoine.
Dupuis des Adrets, chanoine.
Robins, prieur d'Amps.

ÉLECTION DE GRENOBLE.

Le marquis de Monteynard.
Le marquis de Marcieu.
Le marquis de la Tour du Pin.
Le comte de Marcieu.
Le comte de la Tour du Pin.

Montchenu.
Le marquis de Mélat.
Le chevalier de Murat.
De Beauvet de Fontbelle.
Le comte du Bourg.

ÉLECTION DE MONTÉLIMART.

Le duc de Caderousse.
Le marquis de Gramont.
Le marquis de Puy-Montbrun.
Le comte d'Urre.
Le comte de la Coste.
Le marquis de Latier.
D'Alauzier.
Le marquis de Banne Puygiron.
Le comte de Banne Puygiron.

D'Archambaud.
Le marquis de Brossard.
De Saint-Ferriol.
De Bounot.
De Rocquard.
De Loulle.
De Mollan.
Le marquis de Bonne.
Le comte de Condorcet.

ÉLECTION DE VIENNE.

Le marq. de Beaumont d'Autichamp.
Le vicomte de Vaulx.
Le chevalier de Larnage.
Le marquis de Leyssin.
Le comte de Mercy.
Le marquis de Menon.
De Moydières.
Le marquis de Neyrieu de Domarin.
D'Angelin.
De Michalon.
Le comte d'Aost.
De Meypieu.
De Jonage.
Le comte de Bectoz.
Le chevalier de Bectoz.
Le marquis de Beffroy.
Le marquis de Talaru.
Le marquis de la Salle.

Le marquis de Vavre.
De Milieu.
Le comte de Portalez la Tourrette.
De Gravier.
Le comte de Salmar.
Le comte de Revol.
Le chevalier de Moydieu.
De Rigaud Terrebasse.
De Leyssin.
Le marquis de Bienassis.
Le vicomte de Leyssin.
Le marquis de Chaponay-Morancey.
Le vicomte de Chaponay-Morancey.
Le comte de Chaponay-Morancey.
L'abbé de Chaponay-Morancey, vicaire général de Senlis.
Le chevalier de Jonage.
Le chevalier de Salmar.

ÉLECTION DE ROMANS.

Le comte de Tournon.
Le marquis de Beausemblant.
Le marquis de Chastelard.
Le marquis de Montchenu.
Le baron de Montchenu.
Le comte de Murat.
Le vicomte de Murat-Montferrant.
Le comte de Murat-Murinais.
Le marquis de la Tourrette.
La Pérouse.
Le comte de Sibeut.
Le marquis de Perrotin de Bellegarde.
Beauzel de Létang.
Macla.

ÉLECTION DE GAP.

Dusau, major de Gap.
Le comte de Flotte.
Le marquis d'Abon.
Le comte de Condorcet.
Le marquis d'Hugues.
Le comte Reviliasc de Veynes.
De la Peyrouse.
De Prunières.
De Bayle.
De Rocheblave.
De Rocheblave.
De Pons.
Blanc de Carmagnel.
Le chevalier de Rozans.
Le baron de Flotte.
Du Pilhon.
De Polastre.
Le comte Dusau de la Croix.
De Pons de Briançon.
Le chevalier d'Abon.

ÉLECTION DE VALENCE.

Le vicomte d'Allard.
Le marquis de Rostaing.
Le marquis de la Devèze.
Le marquis de Vesc.
Le marquis d'Arbalestier-Monclar.
D'Althenolt.
Le marquis de la Tourrette.
Le comte de la Devèze.
Le chevalier de la Bretonnière.
Le vicomte d'Arbalestier.
De la Gardette.
De la Rollière.
Le chevalier de Lancelin de la Rollière.
Le chevalier de Montrond.
De Marquet.
Le marquis de Jansac.
Le marquis de la Roquette.
Le marquis de Chastelier.

PARLEMENT DE GRENOBLE.

Présidents.

De Bérulle, chevalier, premier.
De Bérulle, fils, en survivance.
De la Croix de Sayve d'Ornacieux.
De Barral.
De Vaulx.

De Barral de Montferrat.
De la Coste de Bouqueron.
De la Croix de Sayve d'Ornacieux, fils.
De Bressac.
De Trivio.

Chevaliers d'honneur.

De Vachon.

Deagent de Morges.

Conseillers.

De Barral, doyen.
De Berger de Moydieu.
Dupuy de Saint-Vincent.
De Barin, père.
De Revol.
De Malivert de Pomiers.
De Gallien de Chabons.
Corbet de Meyrieu, syndic.
Copin de Miribel.
De Garnier.
D'Agoult.
De Pérouse du Vivier.
De Chaléon de Chambrier.
De Longpra, syndic.
De Blosset.
D'Yze.
De Chatelard de Garcin.
De Loulle.
Dupuy de Saint-Vincent.
De Ravel de Montmiral.
De Jacquemet de Saint-Georges.
De Meffrey de Cézarges.
Aymon de Franquières.
De Vidaud d'Anthon.

De Barrin, fils.
De Trivio.
De Chevalier Distres de Sinard.
De Baronat.
De Bérulle, fils.
Leclet.
De Bovier de Vourey.
De Vignon de Saille.
Anglès.
De Rastel de Rocheblave, clerc.
De Vaulx.
De la Salcette.
De Vaulserre des Adrets.
De Gassendi de Tartonne, clerc.
De Chaléon de l'Albenc.
De Besson.
D'Antour.
Duboys.
D'Anglancier de Saint-Germain.
De Barral.
Barrin de Champron.
Lyautey Dessernay.
Bachasson de Montalivet.
De Chieize.

Gens du roi.

Colaud de la Salcette, conseiller d'état, avocat général.
De Berger de Moydieu, fils, procureur général.
De Reynault, procureur général en survivance.
Savoye de Rollin, avocat général.
De la Boissière, avocat général.
Jacques-Jean-Raymond Maurel, avocat général.

Chancellerie.

Rivière de la Mure, garde des sceaux.

Secrétaires du roi.

Barruel, à Villeneuve-de-Berg.
Gubian, à Lyon.
Robin de Villebuxière, à Chateauroux.
Tournachon, à Paris.
Circaud, à Villefranche.
Letourneau, à Grenoble.
Froment, à Grenoble.
De May, à Bordeaux.
Hannaire, à Dijon.
Grellet, à Limoges.
Desjobert, à Culant.
Lavaice, à Toulouse.
Caillon, à Paris.
Etignard de la Faulotte.
De Saint-Julien, à Pézénas.
Bethenod, à Saint Chamond.
Garnau, à Paris.

Mégard, à Gex.
Cureau de Ronce, au Mans.
Méaudre, à Roanne.
Perrin de Noailly.
Reynier de Bruyères, à Paris.
Pihery de L'Horme, à la Flèche.
Rousset, à Lyon.
Le Pailleur de L'Angle, à Paris.
Dequizable de la Cote, à Périgueux.
Satis de la Garenne, à Paris.
Laurens de Charpal, à Mende.
Eustache, au Havre.
Allemand Dulauron, à Grenoble.
Lebrun de la Senière, à Saint-Sauveur.
D'Audignac, à Lyon.
Rollat, à Montpensier.
Thiollière de la Garinière.

Présidial de Valence.

De Gaillard, lieutenant général.
Dauphin, lieutenant civil.
De Serre, lieutenant principal.
De Plovier, lieutenant particulier.
Duplan, assesseur civil et criminel.
Cartier, doyen.
De la Lombardière, conseiller.
Baude, conseiller.

De Gaillard de Rousset, conseiller.
Réalier, conseiller.
Bergeron, procureur du roi.
Teissonnier, avocat général.
Desjaques, avocat du roi.
Debeaux, greffier civil criminel.
Cotte, greffier d'appeaux.

CHAMBRE DES COMPTES DE DAUPHINÉ.

Présidents.

De Bailly de Bourchenu, premier.
De la Roche de Chabrières.
Depis du Pré.
De Moreau de Veronne.

De Gauteron d'Hurtières.
D'Hugues de la Garde.
Claude de Bovier de Saint-Julien, honoraire.

Chevaliers d'honneur.

De la Valette.

De Saint-Julien de Salvaing.

Conseillers-maîtres.

De Mérindol, doyen.
Brunet de Vence.
De la Morthe de Chareins.
D'Arsac du Savel.
Dalliez.
Hélie.
De Loulle.
D'Isoard.
Martin.

Duclot.
Chabert.
Chabert de Fondville.
Falquet de Planta.
Duplessis.
De Montlovier.
Chorier.
Duportroux.
De Payan.

Conseillers-correcteurs.

Chatal.
Pommier.

Boisvert.
Robin-Duverney.

Conseillers-auditeurs.

De la Motte.
Bernon de Saint-Maurice.
Toscand d'Allemond.
De Cros.

De la Merlière.
Bernard de Saint-Arcons.
Morand.
Berlioz.

Gens du roi.

Barge de Certeau, avocat général.

De Lagrée, procureur général,

GÉNÉRALITÉ DE GRENOBLE.

Pajot de Marcheval, maître des requêtes, intendant (1).
De Beaufort, subdélégué général.

GOUVERNEMENT MILITAIRE DE DAUPHINÉ.

Le duc d'Orléans, gouverneur général.
Le duc de Tonnerre, lieutenant général commandant.
Le marquis de Marcieu, commandant en second.
Le marquis d'Autichamp, commandant en troisième.

Lieutenants de roi.

Le marquis de Virieu.
Le comte de Ventavon.
Le comte de Morges.

Le marquis de Chabrillan.
Le chevalier de Causans.
Le marquis de Teyssier.

Gouverneurs particuliers.

Briançon et Forts... Le marquis de Langeron, gouverneur.
      Le chevalier Jobal de Pagny, lieutenant de roi.
      D'Oumet, major.
      Le chevalier de Font-Galland, aide-major.
      Bataille, major des forts.
      De Bonnechose, aide-major, à Randouillet.
Embrun............ De Savines, gouverneur.
      De la Corcelle, lieutenant de roi.
Grenoble........... Le marquis de Marcieu, gouverneur.
      De Lussaye, lieutenant de roi.
      Rolland de Montal, major.
Fort-Barraux...... Le marquis de Molac, gouverneur.
      Morel, lieutenant de roi.
Montélimart....... Le marquis de Chabrillan, commandant.
Mont-Dauphin...... Le marquis d'Héricourt, gouverneur.
      De Prunières, lieutenant de roi.
      D'Arbalestier, major.
Pont de Beauvoisin. De la Tour-du-Pin-Gouvernet, commandant en second.
Queyras........... Allemand de Chatelare, commandant.
Valence........... De Rigneux, commandant.

(1) M. de Caze de la Bove, conseiller du roi en ses conseils, était intendant de Dauphiné en 1789. (*Alman. de Dauphiné*, 1790.)

Lieutenants des maréchaux de France.

Crest.............	Le baron de Bruyères Saint-Michel.
Montel............	Le marquis de Montjoux.
Grenoble..........	Le comte de Revigliasc.
	De Bournon.
Cremieu...........	Le comte du Bourg.
Orange............	De Raoulx.
Vienne............	Le marquis de Buffevent.
Buix.............	De Merle.
Valence...........	Le marquis de Latier-Bayanne.
Saint-Marcellin....	De la Porte.
	De Bectoz.

(*État des cours de l'Europe et des provinces de France.* 1788. — *Bibl. imp.*, G. 1533, c. 5. — V. encore l'*Almanach général de Dauphiné*, 1790.)

EN VENTE CHEZ E. DENTU, LIBRAIRE-ÉDITEUR,
Palais-Royal, 13, galerie d'Orléans.

BIBLIOTHÈQUE NOBILIAIRE

GRAMMAIRE HÉRALDIQUE

CONTENANT

la définition exacte de la Science des Armoiries

Suivie d'un Vocabulaire explicatif

PAR H. GOURDON DE GENOUILLAC

Troisième édition, revue et augmentée
de l'*Art de composer les livrées selon les règles héraldiques*,
et ornée d'un grand nombre de figures.

Un joli vol. grand in-18, imprimé avec le plus grand soin
sur papier glacé.—Prix : 3 francs.

Ce livre est le *Vade-mecum* indispensable à toutes les personnes désireuses de connaître à fond le blason.

Une démonstration claire et simple de la science héraldique met à même le lecteur de pouvoir blasonner seul toute espèce d'armoiries.

Cette troisième édition a été soigneusement revue et enrichie de deux cents figures d'armoiries et modèles de casques, couronnes, etc., exécutées sous les yeux de l'auteur et intercalées dans le texte, afin d'être mieux placées sous les yeux du lecteur.

Pour que ce livre soit plus complet qu'aucun autre ouvrage du même genre, cette nouvelle édition contient une notice sur l'*Art de composer les livrées selon les règles héraldiques* et un chapitre qui traite spécialement du droit au port des armoiries. Enfin la table des attributs a été augmentée de tous les termes héraldiques employés depuis le règne de Louis le Jeune jusqu'à nos jours, et de toutes les marques relatives aux dignités de la couronne de France.

EN VENTE CHEZ E. DENTU, LIBRAIRE-ÉDITEUR.

DICTIONNAIRE HISTORIQUE
DES
ORDRES DE CHEVALERIE
créés chez les différents peuples
DEPUIS LES PREMIERS SIÈCLES JUSQU'A NOS JOURS
PAR H. GOURDON DE GENOUILLAC

Deuxième édition revue, augmentée et ornée d'un grand nombre de figures intercalées dans le texte.
Un très-joli volume gr. in-18. — Prix : 3 fr.
avec figures coloriées. — Prix, 12 francs.

Le mérite de cet ouvrage, d'une utilité incontestable, est de fournir au lecteur les renseignements les plus exacts et les plus complets sur tous les Ordres de chevalerie civils, religieux et militaires, existant ou ayant existé chez les différentes nations depuis les premiers temps du christianisme jusqu'à nos jours

Ce qu'il importe de connaître dans l'histoire des Ordres de chevalerie qui sont actuellement conférés en Europe ou éteints, c'est :

La date précise de la fondation de l'Ordre ;
Le nom de son fondateur ;
Le motif de sa création ;
Les diverses phases de son existence ;
Sa situation actuelle s'il est encore conféré ;
Les causes qui ont amené son extinction s'il ne se confère plus ;
La nomenclature des Ordres dont les insignes peuvent être publiquement portés en France ; l'indication et la couleur des rubans.

Voilà le but que s'est proposé d'atteindre le *Dictionnaire des Ordres de Chevalerie*, but qu'il a pleinement rempli.

Cette nouvelle édition, revue avec soin, s'est enrichie d'un grand nombre de figures représentant les principales décorations avec leurs rubans ; des décrets relatifs au port des décorations étrangères, et de renseignements sur les formalités à remplir pour obtenir l'autorisation de porter les décorations étrangères.

EN VENTE CHEZ E. DENTU, LIBRAIRE-ÉDITEUR.

RECUEIL D'ARMOIRIES

DES

MAISONS NOBLES DE FRANCE

PAR

H. GOURDON DE GENOUILLAC

Un beau volume in-8º.—Prix : 8 francs.

Ce volume se recommande par l'exactitude des renseignements qu'il contient.

Plus de dix mille familles y trouveront la désignation de leurs armoiries sans avoir besoin de recourir aux nobiliaires particuliers à chaque province, puisque c'est à l'aide des travaux des d'Hozier, Chérin, Paillot, La Chesnaye des Bois, Guy le Borgne, Favyn, Ménestrier, Dubuisson, Borel d'Hauterive, Grandmaison, de Soultrais, de Courcy, de S. int-Allais, Jouffroy d'Eschavannes, de Courcelle, Simon, etc., que l'auteur a pu établir cette longue liste de noms puisés dans les armoriaux anciens et modernes.

A côté de publications complaisantes faites par souscriptions, il était utile que les membres de la noblesse française et toutes les familles en possession d'armoiries pussent compulser un recueil impartial dressé librement par un écrivain dont le public a déjà apprécié les travaux de ce genre.

Aussi ce livre sera-t-il justement considéré comme un ouvrage de fond, laborieusement élaboré et digne de figurer parmi les meilleurs ouvrages héraldiques.

Sous Presse *La deuxième Série.* Ce volume contiendra les noms des familles qui n'ont pu trouver place dans la première série, ainsi que les rectifications et omissions qui pourraient être adressées à l'auteur et dont il serait justifié.

EN VENTE CHEZ E. DENTU, LIBRAIRE-ÉDITEUR.

Almanach de la Cour, de la ville et des départements. Cet ouvrage paraît tous les ans, depuis 1806, en un joli vol. in-32, format de poche, *orné de figures*. Prix broché, 2 fr.; cartonné doré, 3 fr.

Annuaire de la Noblesse de France et des maisons souveraines de l'Europe, publié par *M. Borel d'Hauterive*, archiviste paléographe. Cet ouvrage paraît tous les ans depuis 1843, chaque année forme un vol. gr. in-18 de 400 p. *orné de figures*. Pr. en noir, 5 fr.; en couleur, 8 »

Armorial de Flandre, du Hainaut et du Cambrésis. Recueil officiel dressé par ordre de Louis XIV (1696-1710); publié d'après les manuscrits de la Bibliothèque impér., par *M. Borel d'Hauterive*. 1 v. gr. in-8, *fig*. 10 »

Armorial de la Noblesse du Languedoc. Généralité de Montpellier, par *Louis de la Roque*, 2 vol. gr. in-8, ornés d'un grand nombre d'armoiries gravées intercalées dans le texte. 40 »

Sous presse : LA GÉNÉRALITÉ DE TOULOUSE, 2 vol. gr. in-8.

Code de la Noblesse française, ou Précis de la législation sur les titres, épithètes, noms, particules nobiliaires et honorifiques, les armoiries, etc.; par le *comte P. de Semainville*, ancien magistrat. 2e édition. 1 fort vol. in-8. 10 »

Cris de guerre et devises des Etats de l'Europe, des provinces et villes de France, des familles nobles de France, d'Angleterre, des Pays-Bas, d'Italie, de Belgique, etc.; des abbayes et chapitres nobles, des ordres civils et militaires, etc., etc.; par *M. le comte de C****. 1 vol. in-18. 1 50

Noblesse, Blason, Ordres de Chevalerie. Manuel héraldique, par *A. de Toulgoët*. 1 vol. in-8, *orné de figures*. 5 »

Des noms et titres nobiliaires. Lettres d'un paysan gentilhomme sur la loi du 28 mai 1858 et le décret du 8 janvier 1859, par *Charles de Chergé*. 1 v. in-8, 2 »

OUVRAGES DE M. GOURDON DE GENOUILLAC.
Actuellement sous presse.

Dictionnaire des Fiefs, Terres et Seigneuries de l'ancienne France. 1 vol. in-8.

Les Dames Nobles de France, leurs droits, leurs armes, leurs priviléges, etc. 1 vol. gr. in-18.

Histoire des grandes charges, des dignités et titres d'honneur de la couronne de France. 1 v. gr. in-18.

PARIS.—IMPRIMÉ CHEZ BONAVENTURE ET DUCESSOIS.

www.ingramcontent.com/pod-product-compliance
Lightning Source LLC
Chambersburg PA
CBHW070532050426
42451CB00013B/2968

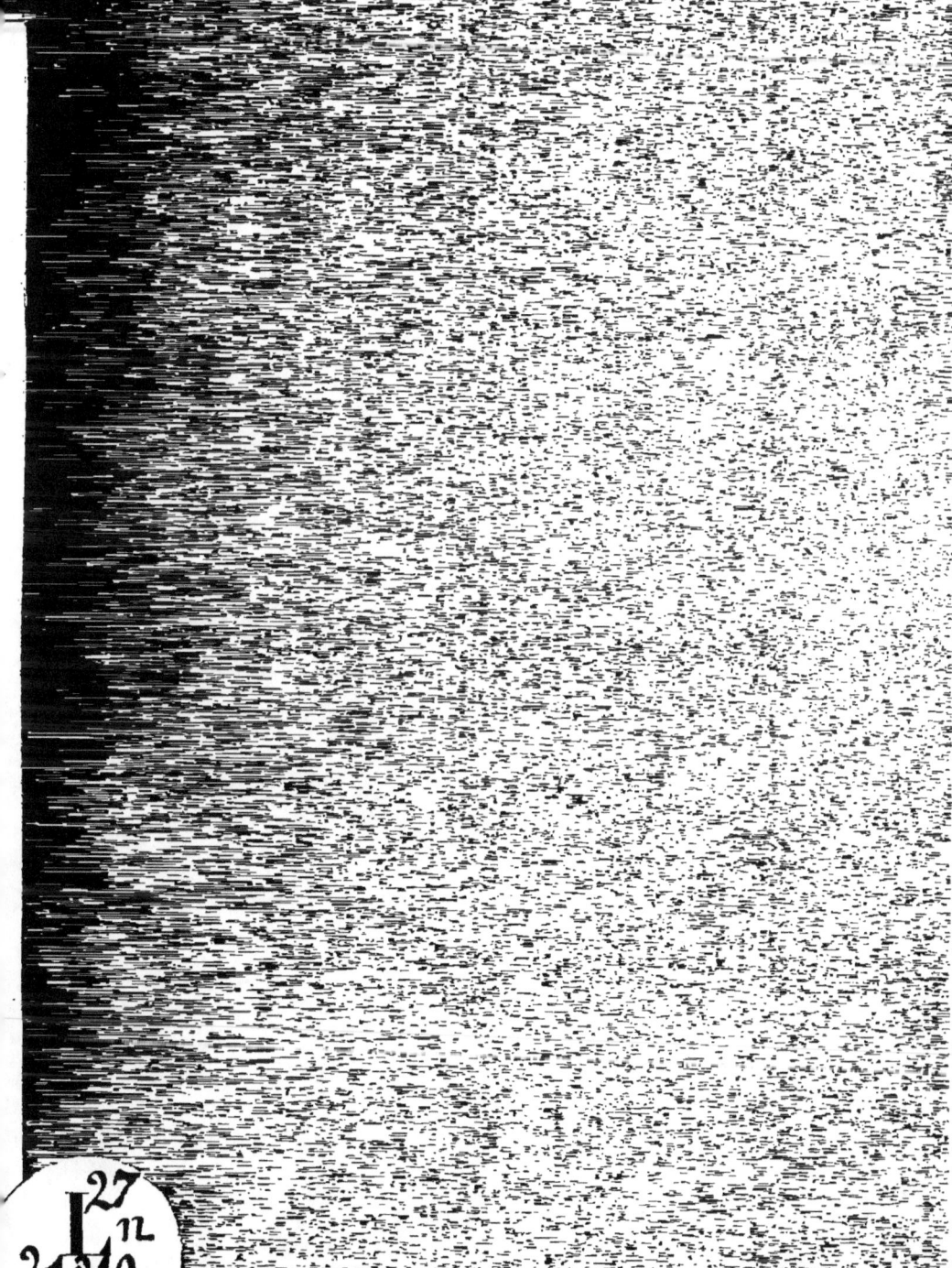